AF242588

COMMISSION NATIONALE

DE

SECOURS AUX BLESSÉS

CRÉÉE A MARSEILLE

EN VERTU DE DEUX ARRÊTÉS PRÉFECTORAUX

Des 23 novembre et 17 décembre 1870

—

1870-1871-1872

—

MARSEILLE

TYPOGRAPHIE ET LITHOGRAPHIE CAYER ET Cie

Rue Saint-Ferréol, 57.

—

1872

COMMISSION NATIONALE

DE

SECOURS AUX BLESSÉS

MARSEILLE

1870-1871-1872

RAPPORT AU PRÉFET

ET

COMPTE-RENDU ADMINISTRATIF

DE

L'HOPITAL SAINT-LOUIS

ET DES AUTRES ÉTABLISSEMENTS HOSPITALIERS

CRÉÉS PAR

LA COMMISSION NATIONALE DE SECOURS AUX BLESSÉS

A MARSEILLE

PAR

M. J. GAZAN

Directeur de ces Établissements, Officier d'Administration de 1re classe.

MARSEILLE

TYPOGRAPHIE ET LITHOGRAPHIE CAYER ET Cie
Rue Saint-Ferréol, 57.

1872

MEMBRES

DE LA

COMMISSION NATIONALE DE SECOURS AUX BLESSÉS

Présidents honoraires :

MM. le PRÉFET des Bouches-du-Rhône ;
le MAIRE de Marseille.

Président :

M. J. BOUQUET, docteur en médecine.

Vice-Présidents :

MM. VIGO-ROUSSILLON, intendant divisionnaire ;
RODOCANACHI, négociant ;
VELTEN, négociant.

Trésorier :

M. ABRAM, banquier.

Secrétaire :

M. G. VIRAZEL, négociant.

Membres de la Commission :

MM. QUIQUANDON, général ;

DE BRUNIER, intendant ;

PAU-SAINT-MARTIN, médecin en chef de l'hôpital militaire, en retraite ;

JUBIOT, médecin en chef de l'hôpital militaire ;

FROMENT, médecin principal en retraite ;

COMMAILLE, pharmacien en chef de l'hôpital militaire :

CHAVAGNAC, officier principal d'administration ;

PEYSSON, officier principal d'administration en retraite ;

OPPERMANN, directeur de la Banque ;

ESTRANGIN, banquier ;

J. GAZAN, officier d'administration de 1re classe, directeur de l'hôpital Saint-Louis et des ambulances relevant de la Commission nationale de secours aux blessés ;

DE DAMPIERRE, architecte ;

LE CONSEIL municipal ;

BARTHÉLEMY, ancien maire ;

DE VILLENEUVE-TRANS, rentier ;

FRAISSINET,
ARGENTI,
H. ROUX,   } négociants ;
JOUNET,
FOURNIER,

A. Martin,
Chaumeri,
Audiffrent,
Candolle,
De la Souchère,
Isoard,
Metaxas,
Coste,
Magail,
Garcin,

docteurs en médecine ;

Gibert, médecin du chemin de fer.
Laurens, pharmacien ;
Desservy, avoué ;
De Leuglay, directeur de la Douane ;
Jeanjean, chef d'état-major ;
Spir, chef de bataillon ;
Douthorn, chef de bataillon.

RAPPORT AU PRÉFET

Monsieur le Préfet,

Les événements douloureux qui, pendant de longs mois, ont ensanglanté la France, firent naître la pensée de créer des Sociétés de Secours pour venir en aide aux nombreuses victimes tombées sur les champs de bataille ou succombant à la maladie et aux atteintes d'un hiver exceptionnellement rigoureux.

Les conséquences de cette guerre furent si terribles que, les hôpitaux militaires ne suffisant plus, l'Intendance dut d'abord transformer en hôpitaux temporaires le château du Pharo, l'hôtel des Catalans et le petit Lycée.

Plus tard, au moment de nos plus grands désastres, après les échecs d'Orléans et de Montbéliard, ces établissements hospitaliers furent eux-mêmes impuissants à recevoir les blessés qui arrivaient par milliers.

L'Intendance militaire ne recula devant aucun sacrifice; aidée dans son œuvre de dévouement par nos médecins civils et militaires, dont le zèle fut incessant, elle convertit les casernes de Saint-Victor et de Saint-Charles en dépôts de convalescents, favorisa la création des ambulances en ville, et ce fut à ce moment pressant, où les besoins étaient devenus si impérieux, que l'autorité préfectorale, s'inspirant des mêmes désirs, créa la Commission nationale de Secours aux blessés, par ses arrêtés des 23 novembre et 17 décembre 1870 dont le libellé suit :

« Considérant que de nombreux convois de
« blessés et malades de nos armées vont pro-
« chainement arriver dans notre ville, et qu'en
« vue de cette affluence, des instructions ont
« été adressées aux autorités civiles et militai-
« res, à l'effet de convertir en hôpitaux tous les
« établissements publics ou privés disponibles,
« et de faire appel à la fraternelle charité de
« tous les citoyens, pour multiplier, autant que
« faire se peut, les locaux et les soins ;

« Arrêtons :

« Art. 1er. La Commission créée par nous est
« constituée sous le nom de commission nationale
« de secours aux blessés.

« ART. 2. Un partage sera fait par nous, d'ac-
« cord avec l'Intendance militaire et la munici-
« palité de Marseille, à l'effet de répartir entre
« le service médical militaire, la Commission na-
« tionale et la Société internationale de Secours
« aux Blessés, tous les établissements ou locaux
« publics ou privés qui pourraient être conver-
« tis en hôpitaux ou ambulances. »

Voilà quelle fut, Monsieur le Préfet, l'origine
de la Commission nationale de Secours aux
Blessés, qui, depuis plus d'un an, ne cesse de
consacrer tous ses efforts à l'accomplissement
de l'œuvre à laquelle elle s'est vouée.

L'exécution des mesures à prendre réclamait
des fonds considérables ; la Commission nationale se mit à l'œuvre ; les dévouements particu-
liers ne firent pas défaut ; une souscription générale fut ouverte, en même temps qu'un Comité
de Dames, dont on ne saurait trop louer le zèle
infatigable, faisait des quêtes fructueuses à la
Bourse et à la Gare (1).

Sous l'inspiration de leur Directeur, les gar-
çons de la Banque recueillirent dans leur tournée
des fonds à domicile ; puis vint l'heureuse idée
de convertir le coût des cartes de visite en souscription en faveur des blessés.

---

(1) Une partie de ces quêtes fut cédée à la Société internationale de secours aux blessés.

Enfin, une circulaire fut adressée à nos consuls français à l'étranger, et ces enfants de la France, quoique éloignés de la mère-patrie, nous firent des envois considérables, grâce à la sympathie que nos malheurs avaient éveillée chez tous les peuples.

En dernier lieu, des quêtes furent organisées dans divers bataillons de la garde nationale, dont une partie nous fut versée.

Ces souscriptions, faites sous ces différentes formes, produisirent à la Commission nationale la somme de francs 142,307 60 (1).

Ces fructueux résultats n'ont rien qui doivent nous étonner : il n'est pas rare de voir, dans une société livrée aux agitations populaires, les troubles intérieurs presque toujours rachetés par l'éclat des grands dévouements.

A ce moment, la première partie de notre mandat était accomplie : celle qui consistait *à faire appel à la charité de tous les eitoyens.* Il nous restait à mettre à exécution la deuxième : celle de convertir *en hôpitaux ou ambulances les établissements publics ou privés* mis à notre disposition.

Ce fut, en premier lieu, le vaste local précé-

(1) Le Conseil municipal avait voté, dans sa séance du 23 décembre 1870, une subvention de 60,000 fr. en faveur de la Société nationale, à laquelle il n'a pas été touché.

demment occupé par le Collége Catholique, à six kilomètres de la ville, qui fut converti en hôpital temporaire sous le nom d'*Hôpital Saint-Louis*. Ce local est situé au versant méridional des hauteurs de la Viste, ayant à ses pieds et à sa droite la mer et ses horizons.

Par sa façade monumentale au midi, ses galeries couvertes, ses grandes cours ombragées, ses salles spacieuses et bien aérées, ce local, qui contenait 320 lits, était admirablement disposé pour recevoir des malades et des blessés.

La direction de cet important établissement avait été confiée à M. Gazan, un de nos membres à qui l'Intendant divisionnaire avait donné le grade d'officier d'administration de première classe, et dont le rapport intéressant et détaillé est ci-après.

Les portes de l'hôpital Saint-Louis s'ouvrirent le 26 janvier pour ne se fermer que le 1ᵉʳ juillet (1).

Le nombre de malades ou blessés qui y ont été soignés a été de 750. La mortalité n'a atteint que le chiffre de 13, c'est-à-dire moins de 2 0/0.

La dépense moyenne pour la nourriture, et par jour, de chaque homme n'a atteint que le chiffre de 1 fr. 10 c.

---

(1) A cette date, toutes les ambulances étaient fermées depuis longtemps.

Celui des médicaments, par jour et par homme, a été de 0 fr. 11 c.

Vint ensuite l'organisation de l'ambulance de la rue de la Grande-Armée, située près de la gare, qui contenait 50 lits.

En même temps, notre Commission, d'accord avec l'Intendance militaire, faisait construire à la gare, au lieu où arrivaient les blessés, un grand baraquement contenant 200 lits, lequel a rendu d'immenses services (1). Les malades, qui arrivaient généralement la nuit, transis de froid, étaient couchés, chauffés et recevaient du bouillon, en attendant d'être répartis dans les divers établissements hospitaliers de la ville.

D'autres locaux, très importants, étaient en voie d'organisation, lorsque les événements politiques qui survinrent en arrêtèrent l'exécution. Dès le commencement des arrivages de blessés, notre Commission avait mis à la disposition de l'ambulance de la garde nationale l'ancien local du Pénitencier, situé au boulevard de la Magdeleine, n° 206, qui contenait 130 lits.

Il semblait, Monsieur le Préfet, que la fermeture de l'hôpital Saint-Louis, qui eut lieu le 1er juillet, longtemps après la conclusion de la paix, devait clôturer nos travaux; il n'en a pas été ainsi. Grâce à la prévoyance, à l'économie et

(1) Plus de 2000 blessés y ont été soignés.

à la bonne gestion qui ont présidé à tous les actes de la Commission, nous avons pu liquider tous nos comptes, venir en aide, suivant le désir de l'autorité préfectorale, pour une somme de 16,000 francs, à la Commission des soutiens de famille, ne pas toucher aux 60,000 francs de la ville, et rester encore en possession d'une somme de 50,000 francs.

Si, à la date du 1er juillet, il n'y avait plus de malades à soigner, il restait encore beaucoup d'infortunes, beaucoup de misères à soulager; car non-seulement la guerre tue, mais encore elle laisse après elle des *infirmes*, protestation vivante de ses procédés barbares.

Mus par un sentiment de généreuse philanthropie, les Membres de notre Commission se sont trouvés en communion d'idées avec le gouvernement; ils ont voulu continuer leur œuvre de dévouement en consacrant aux blessés, amputés ou réformés, les sommes qui leur restaient.

S'il est vrai que l'Etat secourt, dans certaines limites, les blessés, en accordant aux uns des pensions, aux autres des secours renouvelables, les règlements de l'administration militaire sont tels que ces secours ne peuvent être accordés qu'aux hommes qui remplissent certaines conditions. Or, tous ne peuvent les remplir, surtout après cette terrible guerre, où les fatigues excessives et le froid ont fait presque autant de victimes que le feu de l'ennemi ; et encore ceux qui ont obtenu une pension , vu leur grand nombre, ne peuvent la toucher que plus tard, à cause des formalités qu'il y a à remplir.

Il fallait donner à ces blessés les moyens d'attendre.

C'est pour soulager cette classe si nombreuse et si intéressante que nous avons continué nos travaux.

Nous avons fait connaître à l'administration militaire notre décision, afin qu'elle pût nous adresser les hommes qu'elle croirait avoir besoin d'un secours. Plusieurs appels dans les journaux ont été faits ; des circulaires ont été adressées aux maires des communes du département pour les aviser. Enfin, tous les moyens ont été pris pour arriver à soulager le plus de misères et le plus d'infortunes.

L'impartialité la plus grande a toujours présidé à nos décisions.

Le blessé qui paraissait devant nous devait être muni de toutes les pièces constatant son droit à être secouru ; il était soigneusement examiné par les médecins membres de notre Commission, qui dressaient un rapport sur la nature des blessures et leurs conséquences. En même temps, une enquête était faite au domicile de l'individu constatant sa position et sa moralité.

Quand tous ces documents étaient réunis, la

Commission délibérait, en séance générale, sur ce qu'il convenait d'allouer, et la somme accordée était toujours en proportion avec la situation du blessé. L'emploi des sommes allouées était une des préoccupations les plus vives de la Commission.

C'est ainsi qu'elle a doté les uns de rentes nominatives, les autres d'instruments de travail, et enfin, elle gratifiait de lots de terrain les soldats agriculteurs.

Après les soldats blessés, venait une dernière classe d'infortunes, plus cachée, mais non moins intéressante, vis-à-vis de laquelle notre Commission n'a pu rester insensible : c'étaient les veuves dont les maris étaient morts au service de la patrie, ou bien les pères et mères de familles pauvres, qui avaient perdu un ou plusieurs enfants sous les drapeaux.

Les enquêtes faites à ce sujet ont prouvé que, là aussi, il y avait de grandes souffrances à soulager, et les secours accordés témoignent que ces malheureux ont toujours trouvé l'accueil le plus sympathique auprès de nous.

Quant au matériel de nos établissements hospitaliers, les Membres de la Commission ont pensé que le meilleur emploi qu'il convenait d'en faire, c'était de l'utiliser, à l'entrée d'un hiver rigoureux, en le distribuant aux familles nécessiteuses.

Un premier lot a été donné au Comité Lorrain pour secourir les familles françaises, qui, plutôt que de subir la domination du vainqueur, ont préféré, se ralliant à la mère-patrie, abandonner les intérêts et les affections qui les attachaient au sol natal.

Un second lot a été distribué aux veuves des soldats morts en combattant.

Le troisième lot a été l'héritage du Bureau de Bienfaisance de Marseille, où les malheureux sont toujours sûrs de trouver assistance.

Nos travaux peuvent se diviser en deux périodes : la première, du 23 novembre 1870 au 1er juillet 1871, comprend les souscriptions publiques et la création des divers hôpitaux et ambulances, où plusieurs milliers de soldats ont reçu des soins.

La seconde, du 1er juillet jusqu'à ce jour, comprend la durée de la distribution des secours en argent, aux soldats blessés et aux veuves.

Le nombre de familles secourues s'élève au chiffre de deux cents, et les sommes distribuées au chiffre de 48,812 francs, ce qui établit une moyenne de secours pour chaque famille de plus de 240 francs.

Ces deux périodes ont été fertiles en bons résultats : l'une, en procurant à notre Société d'abondantes ressources ; l'autre, en lui permettant d'en faire l'emploi le plus utile.

Telle a été, Monsieur le Préfet, pendant plus d'un an, l'œuvre de la Commission nationale de secours aux blessés. Modeste dans son existence, peu soucieuse du bruit, puisse-t-elle avoir atteint son but : faire le bien, et laisser après elle le souvenir de l'avoir accompli.

Le Président,
J. BOUQUET.

Le Directeur,
des Hôpitaux et Ambulances,
J. GAZAN.

COMPTE-RENDU ADMINISTRATIF

DE

L'HOPITAL SAINT-LOUIS

ET DES

AUTRES ÉTABLISSEMENTS HOSPITALIERS

CRÉÉS PAR LA

COMMISSION NATIONALE DE SECOURS AUX BLESSÉS A MARSEILLE

SÉANCE DU 11 AOUT 1871

M. le Président ouvre la séance et donne la parole à M. GAZAN, qui s'exprime en ces termes :

MESSIEURS,

Pendant la triste et douloureuse période que la France vient de traverser, vous vous étiez donné pour mission de secourir les victimes d'une guerre désastreuse; telle fut l'origine de la Commission nationale de secours aux Blessés, instituée par l'autorité préfectorale par ses arrêtés des 23 novembre et 17 décembre 1870.

A peine installée, votre Commission, s'associant à l'élan de la générosité nationale, jugea que le meilleur moyen d'atteindre son but de bienfaisance était de créer des ambulances, des hôpitaux temporaires, destinés à recevoir nos soldats blessés sur les champs de bataille, ou succombant aux fatigues, aux privations et aux maladies qui viennent à leur suite.

Afin d'assurer le succès de votre œuvre et de lui conserver l'unité de direction qui en fait la force, vous avez pensé qu'il convenait de charger spécialement un de vos Membres de l'organisation générale et des détails qu'elle comporte, et en même temps de lui donner tous les pouvoirs nécessaires pour accomplir ce mandat.

Votre choix est tombé sur nous qui n'avions d'autre titre à cette faveur qu'un vif désir de marcher sur vos traces et de travailler à l'œuvre commune.

De son côté, M. l'Intendant militaire, voulant nous investir d'un caractère autorisé auprès des soldats, nous donna le grade d'officier d'administration de 1re classe.

Aussitôt notre œuvre a commencé.

Le vaste et beau local occupé précédemment par le Collége catholique, au quartier de Saint-Louis, était vacant.

Guidé dans cette pénible circonstance par les

sentiments de charité qui animent tous les actes de son épiscopat, Monseigneur PLACE, évêque de Marseille, s'était empressé de mettre à votre disposition ce magnifique établissement.

Il s'agissait de transformer en hôpital ce local très heureusement situé au versant sud des hauteurs de la Viste, ayant à ses pieds et à sa droite la mer et ses vastes horizons d'où arrivent les brises salubres à travers des bosquets de pins. Cet établissement réunissait donc les meilleures conditions de situation, de convenance et d'agrément, en même temps que ses larges proportions, ses aménagements commodes, ses galeries couvertes, ses promenades, sa distribution intérieure, le rendaient éminemment propre à un service de santé.

Toutefois, de nombreux travaux étaient nécessaires pour l'approprier à cette nouvelle destination.

Les dortoirs, occupés par des cellules qui en faisaient comme une grande ruche, avaient besoin d'être déblayés et convertis en salles spacieuses.

Des cloisons devaient être abattues; des travaux de menuiserie, de maçonnerie, de serrurerie avaient besoin d'être exécutés.

Le temps pressait, et par une coïncidence fâcheuse, un hiver exceptionnellement rigoureux, la pénurie d'ouvriers devenus rares par la mobilisation, la brièveté des journées, la difficulté des transports, rendaient les travaux difficiles et en retardaient l'exécution.

Réunir les matériaux existants, les classer, les compléter, improviser pour ainsi dire en quelques jours un hôpital tout entier; tel était, Messieurs, le problème que nous avions à résoudre. Mais la grandeur d'un problème n'en a jamais fait la difficulté.

Une partie du matériel : gamelles, gobelets, couverts, lits, draps, chemises, couvertures, etc., nous a été fourni avec le plus bienveillant empressement par l'Intendance militaire, qui s'est acquise par là des droits à la reconnaissance publique; l'autre partie a été achetée des deniers de la Commission.

Aujourd'hui, cet important matériel a été rendu aux divers magasins de réserve des hôpitaux dans un parfait état de propreté et de conservation; nous avons rendu aussi à l'Administration des Messageries Maritimes les objets de literie qu'elle avait si obligeamment mis à notre disposition (1).

Nous ne vous dirons pas, Messieurs, ce qu'il a fallu d'efforts pour arriver au résultat final : l'homme puise parfois l'énergie nécessaire à l'accomplissement de son œuvre dans l'importance de la mission qui lui est confiée.

(1) 100 matelas, 100 traversins, 200 couvertures.

Commencée le 14 janvier, date de la délibération qui déterminait la nature de notre mandat, l'œuvre d'organisation était terminée douze jours après, et, le 26, les salles de l'hôpital Saint-Louis s'ouvraient pour recevoir un premier envoi de 121 blessés.

Déjà, à cette date, nous avions pourvu à tous les services.

Le personnel médical et pharmaceutique, les sœurs de Saint-Vincent-de-Paul, les infirmiers, étaient à leur poste, et depuis ce jour, le mécanisme général n'a cessé de fonctionner avec ordre et régularité.

Nous n'entreprendrons pas de vous donner une description architecturale de l'hôpital Saint-Louis ; nous mentionnerons seulement que l'édifice occupe une superficie de 1200 mètres ; que sa façade, percée de dix-neuf ouvertures, se profile au midi sur une ligne de 80 mètres, ainsi que vous avez pu le voir par la photographie qui en est devenue publique.

Du corps de logis central partent deux ailes terminées chacune par un pavillon dont la partie nord se continue à angle droit avec une autre construction de même hauteur reliant chaque étage et contenant trois salles.

Le plein pied formant sous-sol contient la cuisine et ses dépendances, un vaste réfectoire, de nombreuses dépenses, des magasins d'entrepôt et plusieurs cabinets de bains.

On arrive au premier étage par trois perrons dont un principal occupe le centre, et les deux autres les extrémités.

Là se trouvent les bureaux de l'administration, une très jolie chapelle aux vitraux gothiques, la pharmacie, parfaitement installée, comprenant le laboratoire, la tisanerie et le cabinet du pharmacien en chef; plus loin, la lingerie à casiers, le bureau des entrées, une chambre servant de vestiaire et deux salles, chacune de 40 lits, donnant accès à deux galeries couvertes où les malades pouvaient se promener à l'abri.

Le deuxième étage se composait, à l'aile droite, des chambres servant à loger le personnel ; à l'aile gauche , d'une chambre de trente-huit lits.

Le troisième étage était occupé par deux salles de quarante lits chacune.

Il y avait en tout huit grandes salles donnant un total de plus de trois cent vingt lits.

Dans des pièces isolées se trouvaient :

1° Le magasin des sacs et effets des militaires;

2° Les râteliers d'armes;

3° Les chambres des infirmiers de garde;

4° Des magasins pour le linge sale;

5° Plusieurs salles pour les consignés;

6° La morgue dans un bâtiment séparé.

Le service de chaque salle était fait par une sœur et un infirmier.

Le personnel résidant se composait de :

L'Administrateur,
Le Médecin en chef,
Un Pharmacien,
Un Aide-Pharmacien ,
Trois Sous-Aides-Majors,
Un Comptable,
Un Aumônier ,
Huit Sœurs de Saint-Vincent-de-Paul,
Vingt Infirmiers,
Quatre Serviteurs à gage.

Nous constatons avec la plus vive satisfaction que la meilleure entente n'a cessé de régner entre tous les membres de cette association de bienfaisance.

Les Médecins traitants, au nombre de trois, MM. les docteurs FÉRAUD, médecin en chef résidant ; ROSSIGNOL et ADOUL, n'ont cessé de donner aux malades les soins les plus empressés, couronnés du plus grand succès.

Un quatrième médecin, M. le docteur GAY DE TARADEL, avait été nommé médecin traitant par la Commission ; mais l'occasion ne s'est pas présentée d'utiliser ses services.

De concert avec MM. les Médecins , le service intérieur de l'Hôpital avait été réglé de la manière suivante :

7 heures du matin, visite , pansement.

9 heures, distribution des médicaments, tisane.

10 heures et demie, déjeuner.

2 heures et demie du soir, tisane.

3 heures, contre-visite.

4 heures et demie, dîner.

De 6 à 8 heures, selon la saison , coucher.

De 8 heures du soir à 6 heures du matin, des infirmiers qui se relevaient faisaient des rondes pendant la nuit.

En dehors de ce service, votre Administrateur visitait lui-même tous les soirs, entre 10 et 11 heures , les salles, afin de s'assurer que tous les blessés étaient couchés.

Les repas se prenaient au réfectoire ; la ration alimentaire était représentée par la portion entière, les trois quarts, la demie et le quart.

Au son de la cloche, chaque catégorie de malades prenait place à la table commune; un écriteau désignait la ration à laquelle chacun avait droit, suivant la prescription du médecin.

La classification des malades avait été faite selon la méthode la plus naturelle; les trois salles du premier étage étaient réservées aux blessés.

Cette disposition leur évitait la montée toujours pénible des escaliers et leur permettait d'aborder plus facilement les galeries couvertes pourvues de bancs où ils pouvaient stationner ;

aussi , n'avons-nous jamais eu d'accident à déplorer.

Les fiévreux et les autres malades étaient disposés aux étages supérieurs.

De fréquentes sorties sans permission avaient lieu dans les commencements ; elles nous suggérèrent la mesure suivante qui a obtenu un plein succès.

Dès qu'un malade arrivait, il endossait la livrée des hôpitaux militaires ; la veste disparaissait pour faire place à la capote de la maison ; le képi était remplacé par le bonnet de coton et les souliers par les pantoufles.

Pour nous conformer , Messieurs, à vos intentions toujours bienveillantes , chaque soldat admis à l'hôpital recevait les objets d'habillement dont il était dépourvu à son entrée.

Le nombre de soldats blessés reçus et soignés à l'hôpital Saint-Louis a été , pendant les mois de janvier , février , mars , avril , mai et juin , de 750.

Sur ce nombre, les décès ne se sont élevés qu'à 13, chiffre bien inférieur à celui fourni par les hôpitaux et par les ambulances.

Ces décès appartiennent tous à la catégorie d'hommes déjà épuisés par les fatigues et les privations, et ayant tellement souffert pendant cette triste campagne , que le principe organique de la vie avait été chez eux profondément atteint.

La plus jeune de ces victimes était âgée de 21 ans et la plus âgée de 27 ans.

La question hygiénique , plus spécialement du domaine de la médecine proprement dite , nous a cependant préoccupé.

A mesure que la température s'élevait , il y avait lieu d'observer une plus sévère surveillance afin de préserver les salles de tout méphitisme , de toute cause d'insalubrité. Cet heureux résultat fut obtenu au moyen d'une ventilation soigneusement ménagée, de fumigations de goudron faites le soir dans les salles et les corridors, et enfin de la rigoureuse observation des mesures de propreté.

C'est à ces soins constants , à l'heureuse influence de la situation et des milieux ambiants, joints au talent de nos médecins , que notre hôpital a dû non seulement de n'avoir jamais eu de cas de contagion , mais encore d'avoir obtenu la guérison de malades atteints de pourriture d'hôpital évacués sur Saint-Louis de l'hôpital temporaire de Saint-Victor et de l'ambulance du Pénitencier.

Le budget des dépenses a fait l'objet de tous

nos soins. Nous n'avons pas perdu de vue que les fonds mis à la disposition de la Commission nationale lui venaient de la charité publique, et qu'à ce titre, s'il fallait accorder largement le nécessaire aux divers services de notre administration, c'était à la condition de rester toujours dans les bornes de la plus rigoureuse économie.

Les 750 hommes entrés à l'hôpital, du 26 janvier au 1er juillet, jour de la fermeture, sont représentés par 22,310 journées, ce qui donne une moyenne de 143 hommes par jour.

Il faut ajouter à ce chiffre :

1° Celui de 429, montant des journées de malades soignés à l'ambulance de la rue de la Grande-Armée, dont la direction nous avait été également confiée;

2° Celui de 3,120, montant de journées du personnel.

Ces nombres réunis donnent un total de 25,859 journées.

Les principales dépenses ont été :
Le pain, la viande, le vin.

Le prix du pain a varié entre 47 et 48 centimes le kilogramme ; la forme ronde fut adoptée, parce qu'elle se prêtait mieux à la division des rations.

Le prix de la viande, prix unique pour les quatre qualités : bœuf, mouton, agneau et veau premier choix , a varié entre fr. 1,50 et 1,70 le kilogramme.

Comme pour toutes les ambulances, l'administration de l'octroi accorda la franchise des droits sur le vin à l'usage de l'hôpital, ce qui permit de donner du bon vin au prix de 25 centimes le litre (1).

Nous inspirant de vos idées, la ration des aliments donnés aux blessés n'a jamais été tarifée ; nous avions à réconforter des constitutions délabrées ayant besoin d'une nourriture à la fois substantielle et copieuse.

Vous avez également désiré que tous les produits consommés fussent de premier choix ; aussi le public, toujours bon juge, appréciant par les résultats obtenus , a-t-il porté un jugement favorable sur notre organisation. Des témoignages flatteurs émanés des divers chefs militaires , intendant, sous-intendant, inspecteur des hôpitaux, sous la surveillance desquels nous étions placé , nous ont été adressés.

Bien que l'hôpital se trouvât éloigné de plus de six kilomètres de la ville et que l'éloignement amène toujours un surcroît de dépense,

______

(1) Chaque homme a consommé par jour :
    550 grammes de pain ,
    252 grammes de viande ,
    43 centilitres de vin.

le coût de la nourriture de chaque homme n'a atteint qu'UN FRANC DIX CENTIMES PAR JOUR (1);

Et celui des MÉDICAMENTS n'a pas dépassé le chiffre de ONZE CENTIMES PAR JOUR ET PAR HOMME.

Une de nos préoccupations les plus vives fut de prévenir l'ennui et le désœuvrement qui auraient pu s'emparer de ces hommes, habitués à une vie active, en leur permettant des lectures et des jeux compatibles avec leur état.

Chaque dimanche, une loterie composée de divers objets utiles, donnés par les dames qui fréquentaient l'établissement, était tirée en faveur de nos blessés.

A l'aide de ces moyens et d'une administration paternelle mais ferme, nous devons d'avoir maintenu, au milieu de cette population peu disciplinée, l'ordre et l'obéissance. Pour atteindre ce résultat, nous n'avons eu d'autre force que celle que nous tenions de vous, force toute morale, il est vrai, mais qui, bien dirigée, obtient toujours les meilleurs effets.

Messieurs, l'hôpital Saint-Louis n'a pas été la

(1) A notre connaissance, ce chiffre n'a été atteint par aucun autre établissement hospitalier.

seule de vos créations. Dès que le théâtre de la guerre se porta d'Orléans vers Besançon et Belfort, les malades et les blessés de l'armée furent dirigés sur Marseille, en suivant une ligne d'évacuation se prolongeant jusqu'à Nice.

La seule attaque devant Belfort, et qui dura trois jours, amena, dans les quarante-huit heures, 2,500 blessés à Marseille.

Vous préoccupant d'une situation si douloureuse pour nos soldats, vous organisâtes divers locaux dans les conditions les plus propices.

Ce fut d'abord la création d'une ambulance à la rue de la Grande-Armée qui contenait 50 lits.

Le motif qui vous fit établir cette ambulance fut une pensée toute de prévoyance.

Vous aviez voulu qu'à l'arrivée des malades, il existât à proximité de la gare un local destiné à recevoir les hommes atteints le plus gravement qui ne pouvaient, sans danger, être transportés plus loin.

Les travaux d'appropriation du local d'aménagement et l'achat du matériel ont demandé un certain temps, qui n'a rendu possible l'ouverture de cette ambulance que dans les premiers jours du mois de mars.

A cette époque déjà, les envois de malades diminuaient, l'opportunité avait cessé, et ce fut avec raison qu'à la fin du mois de mars, vous décidates d'évacuer sur Saint-Louis les malades que l'ambulance contenait.

Toujours fidèle à votre but : faire le plus de bien possible aux victimes d'une guerre si terrible, un autre moyen de secours avait attiré votre sollicitude.

Les blessés arrivaient à la gare ordinairement pendant la nuit; il fallait un lieu pour les recevoir, où ils trouveraient les premiers soins et le repos nécessaire, en attendant d'être dirigés sur l'hôpital militaire ou les ambulances de la ville.

A cet effet, après vous être concertés avec M. l'Intendant divisionnaire, qu'on était toujours sûr de trouver là où il y avait des infortunes à soulager, et, de concert avec l'Administration du Chemin de fer, vous avez construit, à grands frais, dans la gare même, un vaste baraquement pourvu de 200 lits. A leur arrivée, les blessés étaient couchés, chauffés et recevaient des aliments que des hommes dévoués avaient mission de leur distribuer.

D'autres établissements hospitaliers, notamment le grand local de l'ancien campement, situé à la rue Sainte-Victoire, étaient en voie de formation, lorsque les événements politiques qui survinrent changèrent l'ordre de vos déterminations et vous firent reporter sur Saint-Louis tous vos soins ; aussi cet hôpital a-t-il occupé l'un des premiers rangs parmi les établissements hospitaliers.

Blessés arrivés à Marseille de novembre 1870 à mai 1871 :

Novembre...	903	
Décembre ...	2,551	
Janvier......	8,146	
Février......	3,898	22,454
Mars........	5,703	
Avril........	1,044	
Mai........	209	

Le cadre de ce rapport est trop restreint pour nous permettre de toucher aux questions morales et philosophiques qui pourraient ressortir de notre sujet.

Nous terminons, Messieurs, et notre voix, en ce moment, sera d'autant plus autorisée qu'elle vous exprime la reconnaissance de 750 de nos malheureux soldats. Après avoir été frappés par les balles ennemies et souffert toutes les infortunes de la guerre, ils ont reçu, à l'hôpital Saint-Louis, les soins les plus assidus et les plus dévoués.

Comme dans un jour de bataille, où tout le monde a fait son devoir, c'est surtout aux chefs, à ceux qui exerçaient le commandement, que revient l'honneur de la victoire.

A vous, Messieurs, qui avez donné la *première*

impulsion, revient principalement le mérite des succès obtenu.

Pour moi, Messieurs et chers collègues, arrivé au terme de ma gestion, je serais doublement heureux si, à la satisfaction du devoir accompli, il m'était permis de joindre le témoignage flatteur de votre estime et de votre sympathie.

MARSEILLE. — *Hôpital Saint-Louis, juillet* 1871.

Le Directeur des hôpitaux et ambulances, relevant de la Commission nationale de secours aux blessés à Marseille,

J. GAZAN.

COMMISSION NATIONALE DE SECOURS AUX BLESSÉS

Extrait du Procès-verbal de la séance du 11 août 1871

Après la lecture de ce rapport, M. le Président prenant la parole, dit qu'il croit être l'interprète des sentiments de la Commission, en remerciant M. Gazan pour sa bonne gestion des établissements hospitaliers dont la direction lui a été confiée et en le complimentant sur les heureux résultats de son administration, tant au point de vue économique que pour l'honneur qui en revient à la Commission.

La Commission, s'associant à l'opinion du Président, vote, à l'unanimité, des remerciements à M. Gazan.

Pour copie conforme :

Le Secrétaire de la Commission,

Signé : VIRAZEL.

SITUATION FINANCIÈRE

RECETTES

Souscripteurs divers ....F.	28,770	45
Reçu de la Préfecture...............	13,343	65
Divers bataillon de la Garde nationale..	6,364	»
Souscriptions recueillies à domicile par les garçons de la banque..........	5,938	»
Produit des cartes de visite (janvier 1871)	4,204	»
Reçu des Consuls français à l'étranger..	52,594	50
Reçu de l'Intendance militaire (22,803 journées des malades).............	22,803	»
Reçu du Génie militaire.............	4,250	»
Vente d'une partie du matériel........	632	»
Id. de sucre, café et tafia	2,157	»
Id. de 134 caisses citron	1,251	»
	142,307	60
Intérêt couru du 7 déc. 1870 au 31 mars 1872 F.	1,920	40
Total........F.	144,228	»

DÉPENSES

Travaux d'aménagement à l'hôpit. Saint-Louis (320 lits)..................F.	6,338	45
Organisation de l'Ambulance de la rue de la Grande-Armée (50 lits).........	3,459	20
Construction d'un vaste baraquement à la gare (200 lits)................	14,129	15
Alimentation, personnel, médicaments, chauffage et buanderie...........	35,831	50
Achat d'une partie du matériel........	7,597	70
Fournitures diverses.................	2,718	95
Frais généraux......................	5,873	10
Don aux Petites Sœurs des pauvres.....	1,000	»
Id. aux Sœurs de l'Espérance........	500	»
Id. à l'Ambul. de la caserne Sᵗ-Charles	300	»
Id. à la Commission des soutiens de famille pendant la guerre...........	16,000	»
Secours accordés aux blessés, du 11 août 1871 au 31 mars 1872.............	48,812	»
	142,560	05
En caisse...................F.	1,667	96
Total..........F.	144,228	»

NOMS DES BLESSÉS SECOURUS

NOMS DES BLESSÉS SECOURUS.

NOMS.	AGES.	GRADES.	COMBATS.	BLESSURES.	SECOURS accordés.
Thibaud, J.-B...	19	Caporal au 59°...	Metz, 31 août.........	Lésion des os de la jambe..........	200
Genin, J.........	30	Sergent au 45°...	Belfort.............	Eclat d'obus, contusion thoracique....	200
Barry, E........	26	Guérill. marseil..	Pasque-sur-Dijon......	Id. id.	110
Moreau, P......	22	Volont. au 137°..	Plateau d'Avron.......	Erosion de la peau..........	25
Audric, J.-B....	22	Mobile Afrique..	....	Varioleux	60
Léon, C........	22	Soldat au 45°....	Paris............	Tubercule, scrofule.............	250
Mollinger, A....	28	Sous-off. au 47°..	....	Bras droit amputé.............	350
Raison. C.......	35	Caporal au 69°...	Belfort..........	Eclat d'obus à la jambe droite.......	500
Bourdet, J......	23	Soldat..........	Orléans.........	Balle à la partie latérale du cou......	350
Dumastreray, H.	40	Légion française.	Orléans.........	Lésion des os du pied gauche..........	100
Ebolie, J.-B.....	26	19° batail. chass	Frechwiller.........	Blessure au pied droit.	200
Dubreuil, A. ...	32	Caporal 6° chass.	Armée de la Loire....	Blessure à la région tibia-tarsienne ..	100
Borel, C........	22	3° zouave	Chagny..........	Ablat des phalang des 3 prem. orteils.	200
Brusco, L.	22	Mobile B.-du-R.	Illiers...........	Plaie au bras droit, cicatrice adhérente	100
Icard, A	28	Soldat au 97°...	Gravelotte........	Indicateur droit amputé, sourd........	150
Florent. V......	24	Mobile du Var..	Belfort...........	Coup de feu à l'indic. de la main droite.	60
Rolland, H.....	24	Mobile B.-du-R.	Boggi (Afrique)......	Maladie par suite des fièvres..........	100
Silvestre, L.....	25	....	Gravelotte........	Divers coups de feu..........	50
Berti, A.........	28	Adjudant........	Dijon............	Fract. de l'humérus droit avec ankilose.	1,100
Chouquet, G....	29	Franc-tir. Egalité	Patay............	Paralysie du bras....	500
Albaré, F.......	25	Soldat 7° corps..	Sedan..........	Lésion des os de l'av.-bras, contraction de 3 doigts.	1,000
Benoit, G.......	21	Soldat au 77°....	Mans...........	Articul. femoro-tibia démie ankilose....	100
Marcel, M......	22	Mobile B.-du-R.	Mans...........	Fracture des os de l'avant-bras, ankilose.	200
Jullien, F.......	24	Soldat 2° classe..	Orléans..........	Blessure légère..........	50
Jullien, J.-B....	40	Volont. Egalité..	Protoy..........	Plaie perforante à la région abdominale	1,000
Conio, J........	24	Mobile B.-du-R.	....	Tuberculisation pulmonaire..........	200
Rochetin, L.....	22	Soldat au 17°....	Mézières,..........	Eclat d'obus à la partie moy. du fémur.	100
Ezel, F.........	28	Soldat au 52°....	Villiers..........	Ablation des 2 phal. de l'indicat. droit..	200
Chevalier. A....	27	Franc-tir. Egalité	Pasquet..........	Cicatrice à la région dorsae..........	25
Gouvon, M......	23	Mobile.......	Armée de la Loire....	....	

Nom	Âge	Qualité	Lieu	Blessure	Montant
Guignony, F....	35	Franc-tir. Egalité	Protoy..............	Blessure grave à la cuisse droite.. ...	300
Rouch, H.......	30	Marin de Toulon.	Pont-Noyelle..........	Perte des 2 phal. auricul. annulaire..	160
Nicolas, R......	25	Soldat au 28e....	Saint-Privat...........	Fracture de la voûte du palais........	160
Perron, L.......	29	Soldat au 97e....	Pont-à-Mousson.......	Fracture du cubitus, cicatrice adhérente	100
Peyras, P......	25	Chass. 3e batail·.	Forbach.............	Main gauche traversée par une balle..	100
Dalbon, E......	22	Guérilla marseil.	Protoy..............	Fracture de la jambe, raccourcissement	300
Capelle, P.... .	20	Soldat au 7e....	Sedan...............	Fracture de l'omoplate............:...	400
Chauvet, L.....	30	Zouave.	Beaune-la-Rollande. ..	Blessure aux os des illes, bras gauche.	350
Barthélemy, P..	23	Sergent au 138e.	Bourguet.	Triple fracture de l'humérus..........	200
Faivre, L.......	24	Soldat au 7e.....	Montbéliard...........	Amputation de la jambe gauche......	50
Reboul, A......	31	Franc-tir. Egalité	Pasques-sur-Dijon.....	Blessure à l'épaule gauche...........	300
Rencurel, Jh....	26	Caporal.........	Arthenay.............	Fracture du fémur, raccourcissement.	300
Brequet, H.....	27	....	....	Aveugle par armes à feu............	240
Brunel, M.... .	29	Soldat au 136e..	Bourguet.............	Congélation de 8 orteils.	200
Roux, V........	20	Volontaire au 48e	Villiers...............	Balle restée dans les 2 apophyes épineuses vertébrale.	500
Fontenaud, E...	28	2e bat. artilleric.	Sedan...............	Tuberculisation pulmonaire........	400
Jourdan, L.....	27	....	....	Fatigues au service de l'amb. de la gare..	300
Barlatier, E.....	26	Chasseur	Sedan...............	Amputation du bras droit............	150
Firmin, N......	29	Soldat 2e classe..	Arthenay.............	Fracture du calcaneum gauche........	150
Dauphin, A.....	23	Soldat au 100e...	....	Plaie en suppuration................	500
Gros, J.........	24	Marin..........	Afrique..............	Fièvre splénite.....................	150
Jourdan, H.....	25	Marin.	Mer Baltique..........	Sourd d'une oreille, suite d'une chute.	100
Berthon, J......	26	Soldat au 1er....	Saint-Privat...........	Blessure grave à la jambe droite.....	300
Simon, F.......	46	Vieux soldat....	Gravelotte...........	Blessure légère.....................	50
Escoffier, L.....	27	3e zouave	Beaune-la-Rollande....	Bras ankilosé......................	150
Ricard, J.-B....	26	Mobile B.-du-R.	Vendôme............	Epaule traversée par une balle.......	300
Constant, C.....	23	Soldat. ......:...	Perini-l'Evêque........	Fracture du bras droit, adhérence, atrophie de la main.	1,000
Chapuis, J.....	27	Soldat.	Servigny-Sainte-Barbe.	Perte de l'œil gauche.	200
Fournon, J......	28	Mobile B.-du-R.	Afrique..............	Fièvres, petite vérole................	100
Sirveaux, V....	24	Soldat H. m... .	....	Perte de 2 phalanges.	25
Barbier, P......	23	Soldat H. m.....	....	Blessure à l'épaule gauche...........	25
Geste, L........	22	Soldat H. m....	....	Amputation du pied gauche..........	650
Lame, G........	21	Soldat H. m.....	....	Amputation des deux pieds	1,050

A reporter...... 17,510

NOMS DES BLESSÉS SECOURUS (suite)

NOMS.	AGES.	GRADES.	COMBATS.	BLESSURES.	SECOURS accordés.
				Report	17,510
Lambert, D	25	Soldat H. m		Chute d'un mât	25
Gérard, C	24	Soldat H. m		Amputation d'une partie du pied	25
Viret, A	29	Soldat H. m		Paralysie	25
Reynier, G	33	Soldat au 51e	Jaume	Blessure à l'os maxillaire inférieur	100
Kirh, F	23	Marin	Bollenne	Amput. des 2 dern. phal. de l'indicateur	100
Courtois, F	35	Soldat au 86e	Jaume	Fracture du tibia et du peroné	200
Jullien, H	18	Volontaire au 99e	Joinville	Bless. à la partie supér. de la cuisse droite	200
Tardos, P	26	Volont. zouave	Reischoffen	Fracture du cubitus, consolidat. vicieuse	150
Charles, H	24	Franc-tireur	Vosges	Douleurs vives	200
Brochier, J	34	Volontaire	Chenevrier	Bless. lég. à la part. int. de la cuisse gauch.	25
Stempflé, G	26	Soldat	Montbéliard	Atrophie des deux bras	300
Lions, T	24	Zouave	Freschwiller	Ankilose partielle	60
Mossant, P	22	Soldat	Arthenay	Bless. à la part. supér. de l'épaule droite	150
Bornaciny, P	20	Volontaire	Plateau-de-la-Bergerie	Bless. à la part. infér. de la jambe gauche	100
Quissac, J	24	Volontaire	Sedan	9 mois prisonnier, rhumathismes	120
Chabrier, C	22	Soldat	Champigny	Doigts atrophiés	100
Turin, F	27	Soldat au 32e	Gravelotte	Amputation du bras droit	100
Guieu, M	19	Volontaire	Beaugency	Lésion de l'articulat. du coude, ankilose	300
Boyer, J	25	Soldat au 52e	Sedan	Blessure au bras droit	100
Guerina	26	Soldat	Orléans	Amputé d'un pied	500
Deschamps, C	28	Capitaine mobile	Armée de la Loire	Blessure au sommet du poumon droit	200
Rencuret, J	—	Caporal au 2e	Artenay	Plaie fistuleuse, fracture du col du fémur	700
Daflon, J	—	Franc-tir. Prov	Gien	Amputation du bras gauche	500
Perroné, M	—	Légion Garibald	Dijon	Atrophie de l'épaule gauche	400
Surtet, A	—	Soldat au 10e	Châte	Plaies fistuleuses à la jambe droite	300
Monico, C	—	Cap. lég. Garib	Talant	Fracture de la cuisse droite	600
Taschi, D	—	Sold. lég Garib	Dijon	Fracture de la jambe droite	600
Mérieux, E	—	Soldat au 82e	Beaugency	Plaie fistuleuse à la jambe gauche	400

Merle, J.	35	Soldat 2º chass.	Loigny.	Légère blessure.	50
Delaunoy, A.	34	Soldat au 10º.	Gravelotte.	Blessure légère.	50
Boucher, D.	21	1ᵉʳ tirail. algérien	Coulmiers.	Coup de baïonnette.	25
Hautelin, L.	27	Franc-tir. Prov.	Campagne des Vosges.	Congélation, douleurs.	100
Glatier, C.	22	Soldat au 21º.	Sedan.	Fracture de l'articul. tibia-tarsienne, points fistuleux.	600
Vinçon, H.	19	Franc-tir. Prov.	Vosges.	Hémoptysie.	120
Melchion, A.	37	Volontaire.	Loigny.	Blessure au thorax.	100
Goirand, L.	26	Soldat au 53º.	Sedan.	Blessure au pied droit.	200
Plenieur, D.	33	Zouave.	Freschwiller.	Blessure avec lésion du fémur droit.	200
Ramel, P.	46	Volontaire.	Paris.	Blessure à la partie du cou.	30
Miniconi, J.	36	Soldat rappelé.	Champigny.	Blessure à la main.	50
Labjois, E.	—	Soldat au 36º.	Vendôme.	Retraction des fléchisseurs des orteils.	425
Muller, J.	—	Soldat au 36º.	Freschwiller.	Amputation de la jambe gauche.	500
Desrues, V.	—	Soldat au 48º.	Josne.	Paralysie presque complète.	450
Barbier, P.	—	Soldat au 95º.	Noisewille.	Plaie fistuleuse à l'épaule et au bras.	600
Maidon, C.	—	Chasseur au 24º.	Montbéliard.	Perte des orteils du pied gauche, paralysie	650
Hilmot, H.	—	4º chas. à cheval.	Metz.	Tum. blanche à l'articul, tibia-tarsienne.	425
Rollet, B.	—	M.-logis, écl. du Havre.	Harfleur.	Fausse ankilose du genou gauche.	300
Duport, P.	—	Caporal au 33º.	Orléans.	Atrophie et paral. du memb. inf. gauche.	350
Pique, S.	—	Sold. au 3º zouave	Freschwiller.	Hémiplégie incomplète.	500
Girou, F.	—	Soldat au 36º.	Marseille.	Ank. incompl. du coude gauc. atrop. du bras.	350
Fargues, D.	—	Tromp. 2º artill.	A fait la campagne.	Paraplégie incomplète progressive.	500
Baudesson, F.	36	Volontaire.	Saint-Privat.	Eclat d'obus à la part. int. de la cuisse dr.	100
Lambre, D.	—	Soldat.	Mans.	Blessure au pied droit.	400
Lindeuthal, J.	—	Serg. rég. étrang.	Montbéliard.	Blessure à la partie infér. du pied droit.	300
Flageul, M.	—	Soldat rég. étr.	Montbéliard.	Eclat d'obus à la part. inf., jambe gauch.	350
Jean, J.	—	Soldat au 95º.	Bourguet.	4 plaies fistuleuses à l'épaule droite.	425
Reynier, P.	—	Soldat au 10º.	Metz.	Tumeur blanche au genou gauche.	425
Denis, G.	26	Caporal au 33º.	Montbéliard.	Ankilose de plusieurs phalanges.	100
Gerrhard, L.	42	Sous-officier.	Freschwiller.	Fracture du cubitus.	100
Dumaret, F.	33	Ancien marin.	Siège de Paris.	Fatigues de la guerre, rhumatismes.	100
Bruder, L.	—	Soldat au 9º.	Cervigny-s.-Metz.	Fracture de la cuisse gauche.	500
Désiré, F.	52	Artilleur au 19º.	Reischoffen.	Blessure au bras droit, cicatrice adhér.	100

A reporter 35,515

NOMS DES BLESSÉS SECOURUS (suite).

NOMS.	AGES	GRADES.	COMBATS.	BLESSURES.	SECOURS accordés.
				Report..........	35,515
Leautier, V.....	22	Soldat au 88e....	Mans..............	Blessure à la jambe gauche..........	100
Bousquet, J.....	27	Tambour au 88e.	Baumont.............	Bless. à la part. moyenne du bras dr.	100
Becquier, L.....	21	Soldat au 92e...	Jaumes.............	Blessure à la région tarsienne........	100
Occsandi, L.....	—	Soldat au 98e....	Toute la campagne....	Fatigues de la guerre, rhumatismes...	100
Cazeaux, A.....	35	Sergent au 34e...	Toute la campagne....	» » » ..	50
Renaud, F.....	28	Soldat au 85e. ..	Beaune-la-Rollande....	» » » ..	50
Peloux, J.......	47	Anc. volt. au 15e.	Serv. act. de la douane.	Froid humide pendant l'hiver........	200
Casteraud, J....	33	Sergent au 95e..	Toute la campagne....	Fracture des deux mâchoires........	600
Charles, H.....	28	Sergent franc-tir.	Vosges	Douleurs rhumatismales............	150
Devaque, E.....	26	Bataillon Egalité,	Pasques	Paralysie de deux doigts	150
Servinaud, J....	41	Soldat au 86e....	Mans	Blessure à la jambe droite..........	100
Poru, J.......	26	Sergent.........	Ericourt...........	Eclat d'obus à la jambe droite.......	300
Mancel, Hypp...	28	Artilleur.........	Coulmiers	Eclat d'obus à la cuisse droite	100
Michel, J.......	26	Soldat.........	Mans.............	Balle à l'épaule droite..	500
Ahmed-Ali......	27	Tirailleur-algér..	Freschwiller........	Balle à la cuisse droite..............	150
Seisson, F......	28	Mobile...	Armée de la Loire.....	Balle au pied gauche	150
Saës, J.........	46	Adjudant.......	Siége de Paris	Douleurs.............	100
Boucay, F......	26	Sergent.........	Siége de Paris	Balle au pied gauche..	50
Bicais, Hypp....	27	Soldat..........	Mans.............	Aveugle................	400
Dauphin, L.....	28	Id.	Mans.............	Fracture de la cuisse.............	50
Carrière, L.....	28	Id.	Mézières...........	Blessure à la jambe..............	100
Clot, H....	27	Id.		Fatigues de la guerre.........	100
Garcin, F.......	26			Perte du pied gauche	100
Vve Estienne.....		Perte de son mari..............			50
Rouzeaud, Fne...		Perte de son fils au 9e régiment d'artillerie, à Besançon.............			100
Ferrand, Margte.		Perte de son fils à Gravelotte...........			100
Vve Etienne.		Perte de son fils, mobile, à Saint-Remy............			200
Besson, Marie...		Perte de son fils, soldat au 15e de ligne, à Saint-Privat........			200
Manière, L.....		Perte de son fils, mobile, à Lyon			200

Vᵉ Garcin	Perte de son frère, son soutien	100
Guyer	Pour le repatriement d'un Suisse	47
Vᵉ Granier	Perte de son mari à Dijon	100
Vᵉ Moynier	Perte de son fils à Proloy	300
Vᵉ Daria	Perte d'un enfant à l'armée	50
Vᵉ Michel	Perte de son mari à l'armée	50
Vᵉ Deguy	Perte de son mari à l'armée	150
Vᵉ Guilot	Infirme ; perte de ses deux enfants à la guerre	500
Pascalon, père	Perte de son fils à Metz	100
Vᵉ Blanc	Perte de son fils à Sedan	50
Vᵉ Teissère	Perte de ses deux fils à Lyon et Sedan	100
Allies. B.	Perte de son fils à Ivry-l'Evêque	200
Vᵉ Walter	Perte de son fils à la guerre	200
Austett, Ph	Perte de son fils à la guerre	200
Arnaud, M	Services rendus dans les ambulances	200
Dupont, C	Services rendus dans les ambulances	30)
Ribes. J	Perte de son fils, caporal au 21°, à Paris	300
Giraud. M	Perte de son fils, soldat au 82°, en Afrique	150
Vᵉ Deurrier	Perte de son mari à Autun, sergent à la Guérilla Marseillaise	100
Romain. D	Perte de son fils, soldat au 22°, mort à Ingostad	100
Vᵉ Conte	Perte de son mari, franc-tireur	300
Vᵉ Teissère	Perte de ses deux fils à l'armée	300
Espitalier	Repatriement d'un Suisse	100
Vᵉ Conio	Perte de son fils	100
Vᵉ Granier	Perte de son mari	100
Hilaire, S	Perte de son fils	100
Vᵉ Albert	Perte de son fils	100
Au Comité Lorrain, pour être distribué aux besogneux les plus pressants de la guerre		2,000
Comité Lorrain-Alsacien		1000
	Total	48,812

SOUSCRIPTION

EN REMPLACEMENT DES CARTES DE VISITE (1871)

MM. Michelin, commissaire général de la marine F. 100 »
Giraud frères et Comp..................... 20 »
M. et Mme Ch.-B., anonymes .... 20 »
MM. Vandel, Edmond....................... 10 »
Vandel, Armand...... .... 10 »
Roux, Victor. .... 20 »
Grandval, Joseph, et Comp.............. 50 »
Oppermann, directeur de la Banque...... 25 »
Gérard, Félix, chef des dépòts (Banque).... 5 »
De Bouillanne-Colombe, secrétaire du Comité
des Assureurs Maritimes................ 25 »
Droche-Robin et Comp.................. 40 »
Orgnon, Auguste........................ 20 »
Pirondi, Sirus, docteur en médecine...... 20 »
Pighetti, directeur des mouvements mili-
taires du port.. .... 10 »
Frisch, Jules, courtier maritime......... 20 »
Garcin, caissier principal (Banque de France) 20 »
Détrii, Henri, agent commercial des mines
de Portes et Sénéchas................ 100 »
Brun, Alexandre, chef de bureau à la
Recette générale.................... 10 »

A reporter..... F 525 »

Report.......... F.	525	»
Chatry de la Fosse, contrôleur à la Banque de France...............................	10	»
Emery fils, entrepreneur.................	20	»
Solary, Jean-Baptiste-Augustin...........	20	»
Roux, Hilarion.........................	20	»
Darier de Rouffio....	25	»
Vaïsse, Victor.........................	10	»
Rey, administrateur de la Société Marseillaise...............................	10	»
Rey fils, secrétaire de la Société Marseillaise...............................	5	»
Porte, Charles, rentier.................	50	»
Malcor, Marius, commissaire de l'Inscription maritime.........................	20	»
M. et Mme Chaix-Bryan,....	20	»
Decormis, Henri, notaire.................	10	»
M. et Mme Decormis, Henri................	10	»
Gros, Hilarion.........................	50	»
MM. Ralli, Schilizzi et Argenti	300	»
Garsin, Joseph, négociant..............	25	»
Condamin, Henry.......................	25	»
Hains, Eugène, négociant	20	»
Gimmig frères et fils..................	40	»
Mabru, Auguste.......................	5	»
Poutet, à la Banque...................	5	»
Le marquis de Foresta.................	25	»
André-Fourt, sous-directeur des Messageries Maritimes	60	»
Filippi, sous-commissaire du gouvernement	10	»
Jullian, Camille, banquier..............	15	»
Néri, Henri..........................	20	»
J. Abram père........................	20	»
A reporter..... F.	1,375	»

Report........F.	1,375	»
Puget, Adolphe, négociant...............	25	»
Micrulachi, D.-E........................	150	»
Loubon, Gustave, fils, banquier...........	25	»
Hero Guttieres et Comp....................	20	»
S. del Porto............................	20	»
F. Laugier, conservateur du Cabinet des médailles à la Bibliothèque de Marseille.	5	»
Gueidon, Alexandre, éditeur provençal....	5	D
Granier, Henri-Ernest, chef de la comptabilité à la Banque....................	5	»
Armati	5	»
Floret, notaire	25	»
Bonnet, percepteur......................	10	»
E. Lieutaud fils, conseiller municipal.....	20	»
Arnaud, Julien, huissier.................	10	»
Produit d'une réunion d'amis............	9	»
Imbert, directeur de l'Octroi.............	20	»
Armand, président de la Chambre de Commerce..............................	25	»
Pradines, directeur des Tabacs...........	50	»
La Chambre des Notaires................	25	»
Tassy, ingénieur en chef.................	40	»
Grimanelli, Périclès, avocat..............		
Madame Grimanelli, Thérèse............	100	
Bouis, Jean-Jacques, juge honoraire.......	10	»
Scaramanga et Comp., négociants.......	300	»
Brousset Dominique et Garoutte, Ugon....	10	»
Olive, Joseph.........................	25	»
Vigne, Léon, négociant.................	30	»
Routier, Antoine.......................	25	»
Jullian, A., notaire.....................	20	»
Carrel, Joseph, négociant...............	10	»
A reporter.....F.	2,399	»

Report........F.	2,399	»
Tennevin, major de la place.............	5	»
Raynaud, notaire.......................	20	»
Martin frères, fils de Jean...............	25	»
Pastré, Jean-Baptiste...................	25	»
Lesbros, sergent-major de la 7ᵉ compagnie du 7ᵉ bataillon (collecte faite dans une réunion...............................	14	»
Des Argus, fondé de pouvoirs du trésorier général...........................	10	»
Wohrer aîné et Suchomel...............	10	»
Bosc père et fils......................	50	»
Grisolle, mercier......................	5	»
Rodrigues et Carcassonne, banquiers.....	20	»
Suzan Lemaignen, banquiers............	30	»
Dalmas, Honoré, à la Banque............	5	»
Mignot, à la Banque	5	»
Reydellet, Isidore, à la Banque...........	5	»
Vessiot, conseiller municipal............	10	»
Gréterin, receveur principal des Douanes..	20	»
Michel Ferrié, directeur du Comptoir communal d'Escompte de Marseille.........	10	»
Perraud, Eugène, notaire...............	25	»
Berthou, Louis, avocat..................	25	»
Lamblot, Ange	5	»
Prosper, M...........................	5	»
Gros, à la Banque.....................	5	»
H. Lynen............................	5	»
Gugenheim frères et Comp., négociants...	20	»
J. Pellissier et Comp...................	40	»
Jean-Baptiste Des Michel, sous-directeur du Comptoir communal d'Escompte de Marseille................................	20	»

A reporter.....F. 2,818 »

Report........F.	2,818	»
Ed. Couve et Comp...............	20	»
Bonnet, Edouard, agent voyer en chef du département	25	»
Dieuloufet, Charles..................	5	»
Madame Ph. Gaudet.................	20	»
Velten, Eugène....................	20	»
Abram fils.......................	25	»
Olive, François-Xavier, à la Banque.......	5	»
Louis et Etienne Reymonet.............	50	»
Les officiers rapporteurs et secrétaires du Conseil de discipline de la 2ᵉ légion de la garde nationale sédentaire.............	106	»
Les officiers rapporteurs et secrétaires du Conseil de discipline de la 3ᵉ légion de la garde nationale sédentaire.............	47	»
Les préposés de la manufacture des Tabacs.	57	60
Billaud, Pierre, négociant..............	50	»
Bertrand, juge de paix................	10	»
Gréterin, Albert, contrôleur des postes du département des Bouches-du-Rhône....	10	»
D. Stapfer	25	»
N. Paquet.......................	20	»
A. P...........................	40	»
Cucurny oncle et Comp..........	100	»
Faucher, Eugène, directeur des poudres et salpêtres........................	20	»
Joseph-David Valensi, négociant..........	15	»
B. Dupuy, ingénieur civil..............	10	»
Camille Blanchard, docteur en médecine..	5	»
Mengin, H., capitaine; Pélissier, G., lieutenant; Pélissier, L., id.; Jacquemet, id., officiers rapporteurs du Conseil de disci-		

A reporter.....F. 3,503 60

Report........F.	3,503	60
pline de la 1re légion de la garde nationale sédentaire	100	»
Miane, Maxime........................	20	»
Armand, André........................	20	»
Arlès Dufour et Comp., négociants......	40	»
Eugène Lassave, courtier de commerce....	10	»
Edmond Canaple.......................	10	»
Pélissier, secrétaire ; Rodrigue , secrétaire-adjoint ; Eygasch, id. ; Castelli , id. ; Chorrol, id. (secrétaires et sous-secrétaires dn Conseil de discipline de la 1re légion de la garde nationale sédentaire.	70	»
A. Lassave.......................	25	»
Gaz et Hauts-Fourneaux,..............	100	»
P. Briqueler, neveu...................	40	»
Argenti, Schilizzi et Comp	50	»
Madame de Montricher................	10	»
Madame Ryans......................	5	»
Anonyme	1	40
Employés de la Maison Noilly, Prat et Comp.	74	»
Frainet frères, Transports de la guerre et des finances.......................	50	»
Th. Richaud........................	5	»
Ed. Landreau, pharm. major de 1re classe	20	»
Martin, négociant....................	25	»
Caussemille jeune et Comp............	25	»
TOTAL........ F.	4204	»

SOUSCRIPTION A DOMICILE

FAITE PAR LES GARÇONS DE LA BANQUE

P. et Th. Rodocanachi. F.	250	»
J. Michoglou et Cie....	150	»
E. Prassacachi........	150	»
M.-E. Rodocanachi....	200	»
J.-A. Damala........	50	»
Aug. Salvago et Cie. .	100	»
Bouet................	20	»
Baldini frères........	20	»
Reynier et Savournin..	20	»
Célestine Derbès......	2	»
Maurice Rubaudo.....	3	»
Tamvaco, Micrulachi et		
Mavrogordato.......	100	»
Sechiari frères et Cie..	200	»
Negretti Vimar........	50	»
A. Vacaneo fils........	5	»
M. Agelasto et fils.....	100	»
Sauveur Théric........	20	»
Hesse fils............	5	»
Alibert, Louis........	5	»
Jalaguier frères.......	50	»
Wohrer aîné et Sucho-		
mel.	20	»
Aug. Ghirlanda.......	20	»
A reporter.. F.	1540	»

Report.. F.	1540	»
F. Merle et Cie........	20	»
E. Cassoute..........	10	»
Alex. Labadié.........	200	»
D. Cohen fils..........	20	»
V. Desloyal..........	5	»
M. Lombard..........	5	»
Laugier neveu........	10	»
Aug. Martin..........	3	»
Laurin Carle..........	25	»
Eug. Nicolas..........	20	»
A. de Fischer.........	20	»
Ima Viars............	5	»
J.-B. Girard..........	25	»
J.-B. Long............	25	»
E. Mayan de Bonnard.	20	»
A. Paret.............	20	»
V. Poisson...........	10	»
Mathieu et Martin.....	20	»
Jh Brunet............	10	»
V. Denis Arduin......	20	»
Aubert frères........	10	»
Molinier (vétérinaire)..	10	»
Délaygue fils et Cie....	20	»
A reporter.. F.	2073	»

Report.. F.	2073	»
Ch. Eiglier	10	»
Mounet	10	»
Félix Gardair et fils	50	»
P. Fortoul	20	»
Signoret frères	20	»
Gigan	25	»
F. Garnier	10	»
Dalmas	5	»
J. Lieutaud	10	»
Aug. Ricard	25	»
Olivier et Paul	25	»
Maxime Perier	10	»
J. Rieu	15	»
Boscaris	1	»
Icarden	1	»
Bouvard	10	»
Audibert et Brunet	10	»
A. Colonna	10	»
Bouvier fils aîné	20	»
Roux et Guieu	10	»
J.-S. Sapey	10	»
A. Ripert	10	»
E. et C. Pierrefeu	10	»
Massabo	2	»
Meistre	2	»
Cie Troyenne	2	»
Aug. Eyguine	10	«
F. Laugier	10	»
Coudurier, Louis	5	»
J.-B. Saurin	5	»
C.-P. Olivier	10	»
L. Carrassan	10	»
Constant Bellier	5	»
L. Audibert	5	»
H. Blanc	1	»
A reporter.. F.	2467	»

Report.. F.	2467	»
Anonyme	5	»
C. Bouis jeune	10	»
Bastide et Pinchon	50	»
Vᵉ Giraud	10	»
C. Giraud	10	»
Fay et Pigorini	10	»
L. Eiguière fils	5	»
Viguier aîné	10	»
Pillier fils	5	»
Lambert	10	»
Constant Laugier	10	»
L. Mannequin	2	50
F. Silvestre	1	»
De Monpita	1	»
Anonyme	10	»
Anonyme	1	»
J. Bonnet	10	»
Valette Jullien	10	»
Lauzet et Cie	10	»
P. Merle fils aîné	10	»
Aug. Gras	5	»
J.-B. Laugier fils aîné	3	»
M. Miliotti	100	»
G.-N. Ambanopulo et Cᵉ	100	»
E.-M. Lazzaro	25	»
M. Guillem et Cie	20	»
Gugenheim frères et Cᵉ	20	»
Heschia Semtow	25	»
Melas frères	100	»
Benet fils et Cie	50	»
Emile Dalbis et Cie	25	»
L. Molines	25	»
E. Laurant	20	»
Moses Bergel	20	»
Allatini et Cie	30	»
A reporter . F.	3225	50

	F.				F.	
Report..	3225	50	*Report...*	4485	50
B. Estienne............	50	»	Tribot Pallier.........	20	»
Vidal frères et Cie.....	50	»	Rodrigues et Carcas-		
Sberro Guthieres et Cie	20	»	sonne..............	50	»
J. Lumbrosso.........	30	»	Flechestein	5	»
Y. Samama aîné......	30	»	A. Fizes..............	5	»
Ghioni frères.........	30	»	Schwalbé.............	10	»
Aug. Racine et fils....	20	»	Jacques Jourdan......	10	»
F.-D................	50	»	Robert et Forel.......	10	»
A. Corgialegno........	50	»	M. Seguy et Sauze....	5	»
C. Maggiar et Cie.....	25	»	Bel..................	5	»
M. Altaras neveu et Cie	20	»	Valich...............	5	»
Giraud frères.........	20	»	Blanc, Jacques........	20	»
J. Jacquemet et E. Ri-			Valich aîné...........	10	»
chard.............	20	»	Blachas, Hippolyte....	10	»
G. Martinengo de No-			Lucien Bureau........	5	»
vach...............	20	»	Dehesa et Ruting......	20	»
Antoine Fabiani.......	20	»	Anonyme.............	1	»
E. Dumas...........	20	»	Eymard.............	20	»
D. Eustache.........	10	»	D.-M. Pitte..........	5	»
Ch. Armand.........	20	»	N. Babanga...........	5	»
Anthouard et Cie......	15	»	P.-C. Boniffacy........	5	»
Basily Valieri et Cie...	100	»	N. Paquet et Cie.......	25	»
Cosmas A. Catzigras..	10	»	Richard frères........	10	»
G.-S. Sevastopulo et Cᵉ	40	»	Elia-Ganon...........	20	»
Andrea A. Vagliano...	100	»	S. Piccioni et Cie......	20	»
J. Deville de St-Allary.	40	»	Rolland et Desbief.....	10	»
Eug. Debourg.........	20	»	Rossi et Paoletti......	10	»
Argenti Schilizzi et Cie	200	»	Demetrius Fernali.....	20	»
S.-S. Mavrogordato....	20	»	Lion fils.............	20	»
H. Naegely...........	100	»	P. Philip.............	10	»
Paul Turin...........	20	»	Lacotte frères........	10	»
A. Abric.............	20	»	L. Avril.............	20	»
Jacquinet............	10	»	Aug. Viale...........	10	»
A. et E. Raimond fils..	10	»	P. Retzina frères......	5	»
Camille Roussier......	50	»	Granier fils de J.......	10	»
A reporter.. F.	4485	50	*A reporter..* F.	4911	50

Report.. F. 4911 50			*Report*.. F. 5375 50		
H. Maiffredy et Cie....	5	,	Boyer aîné............	5	»
Gustave Loubon......	25	»	G. Jourdan Brive fils		
J.-B. Buisson et fils...	10	»	aîné et Cie.........	10	»
Dachert, Jacques......	10	»	Parichautt...........	5	»
Vᵉ Martino...........	10	»	Mourcy F.............	10	»
Maurel et Silvestre....	25	»	A. Spanoudi.........	10	»
André frères..........	50	»	Fotiades.............	10	»
Anonyme..............	10	»	Schmit et Brun.......	10	»
Gabriel frères.........	10	»	Imer frères et Leenhard	20	»
Delorme..............	3	»	Lombard.............	5	»
E. Camoin...........	5	»	Berger...............	2	»
Bellon et L. Vera-Mas-			Ad. Puget...........	20	»
son.................	10	»	J. Perrin............	15	»
Anonyme.............	5	»	J. Camoin et Cie......	10	»
A. Chanssaud et frères.	15	»	L. Chiris et Cie.......	25	»
Decomis, G. Magne de			J.-B. Rollandin.......	20	»
Ste-Luce...........	25	»	C. Lambert...........	25	»
Ph. Wuichet..........	5	»	A. Roche............	20	»
A.-P. Levenq et Cie....	5	»	P. Billaud...........	25	»
C. Moutet............	25	»	J. Martiny fils........	10	»
Ch. Dufour...........	20	»	J D'Avitaya et Cie...	25	»
Mourard.............	2	»	P. Armand...........	20	»
Baudun, L. Bonifay...	20	»	Fond et Cie...........	20	»
Maurin frères........	25	»	Vᵉ Imbert............	10	»
A. Coudeville et Zill des			A. Ogier.............	10	»
Iles................	25	»	B. Barbier...........	10	»
Lazaraki et Cie........	20	»	Anonyme.............	10	»
M. Zigomola..........	10	»	F. Caire.............	10	»
Elias Dahdah.........	15	»	G. Vaudequin et Cie...	10	»
F. German jeune......	2	»	M. Baudin...........	5	»
B. Reynaud..........	25	»	V. Jourdan...........	5	»
E. Olivieri...........	25	»	A. Paul.............	5	»
Wuccina] frères.......	10	»	Anonyme.............	2	»
C. Botto.............	2	»	Anonyme.............	5	,
Léopold Alexandre....	10	»	J.-A. Levesy.........	10	»
A reporter.. F. 5375 50			*A reporter*.. F. 5789 50		

Report.. F. 5789 50			*Report*.. F. 5848 50		
F. Icard.............	5`	»	M. Blanc.............	2	»
Anonyme...........	2	»	Feraud..............	1	50
Raymond.............	2	»	Anonyme............	2	»
Gueit.	10	»	Polydore Raynaud....	50	»
Velten neveu........	20	»	J.-B. Griozel.........	10	»
Anonyme............	2	»	L. Rey et Cie........	10	»
M. Chaulier..........	5	»	L. Marie............	10	»
Escudier.	5	»	E. Viguier	2	»
Borio, Jh............	5	»	B. Viguier...........	2	»
Gival.	3	»			
A reporter.. F. 5848 50			TOTAL GÉNÉRAL.. F. 5938 »		

SOUSCRIPTION

DES CONSULS FRANÇAIS A L'ÉTRANGER

Le comte L. de Lemont, consul français
à Haïti........................... F. 9,482 »

Auguste Beaunier, consul de France à
Mogador.......................... 2,384 »

G. Livri, consul de France en Irlande.... 100 80

L. Ledont, consul de France à Port-
Maurice.......................... 206 30

Roustan, consul de France en Syrie.... 6,750 »

A. Blain, gérant du consulat à Sainte-
Marie-de-Bathurst................ 2,785 60

Brajesrwhi, gérant du consulat à Scutari 160 »

Le gérant du consul de France à Syra.... 450 »

Vicomte Charles de Fontenay, consul de
France à Gibraltar................ 5,628 80

De Bellecourt, consul français aux Indes
Néerlandaises.................... 700 »

Frédéric Gautier, consul général aux
provinces britanniques (Amérique du
Nord)............................ 1,250 »

A reporter..... F. 29,897 50

Report.....	F.	29,897	50
E. Mestaye, vice-consul de France à Casabianca et Mazagan.............		422	50
Amède Querru, gérant du consul de France à Tauris...................		2,510	»
E. Bouillat, consulat de France à Milan.		200	»
Joseph Levine, gérant du consulat à Moscou		3,186	80
P. Benedetti, consul de France à Cadix.		11,023	35
A. Castagne, gérant du consulat à Trébizonde............................		2,723	60
Le consul de France à Galatz..........		300	»
Du comité de l'île de la Réunion.......		880	75
Du comité Japonais...................		450	»
Du comité de Milianah, Algérie.......		1,000	»
	F.	52,594	50

SOUSCRIPTIONS DIVERSES

La Chambre de Commerce..............	F. 3,000	»
La Compagnie Touache...............	1,000	»
Le Crédit agricole....................	1,000	»
M. Vigo-Roussillon, intendant militaire.	500	»
Le docteur Blanchard................	50	»
La Société de la Toussaint............	100	»
Collecte au café Saint-Michel..........	26	80
Les employés de la voirie municipale..	114	50
Le trésorier des instituteurs et institutrices..............................	50	»
M. Pelissier-Monteux.................	200	»
Le jury d'Aix........................	205	50
Le docteur Braze, d'Arles	200	»
Les frères Mounier...................	300	»
M. Baptistin André...................	25	»
MM. Anselme et André...............	100	»
M. Octave Salvator..................	50	»
M. Fretière.......	20	»
M. Félix Abram.....................	500	»
M. Eugène Trullier..................	50	»
M. Boffe............................	25	50

A reporter..... F. 7,517 30

Report.....	F.	7,517	30
L. R..............................		15	»
M. Bruno Lambert...................		100	»
Mlle Amélie Paul...................		5	»
Trois anonymes.....................		460	»
M. Bonjean........................		50	»
M. Calvès.........................		5	»
M. Achard.........................		20	»
L'abbé Dassy......................		50	»
M. Lazare Sisias...................		50	»
M. Joseph Parenté.................		5	»
M. Monge..........................		100	»
Un boston de famille..............		10	»
M. Tassy..........................		100	»
M. Girardeau......................		5	»
M. Agard..........................		20	»
MM. Rochat fils et Chausser...........		100	»
MM. Jules Buisson....................		500	»
Collecte par le docteur Candolle........		25	»
MM. L. Servel et fils................		100	»
M. Paul Berard.....................		50	»
Mlle Jeanne Taravent................		40	»
M. Declam.........................		25	»
M. Regimbaud......................		25	»
MM. Albert et Emile Pascal...........		300	»
M. Alphonse Gent		150	»
Mᵐᵉ Gent, cartes de visite............		100	»
M. Estrangin, id		100	»
M. le docteur Bouquet, id...........		100	»
M. G.-Z. Verazel		40	»
A reporter.....	F.	10,167	30

Report.....	F. 10,167	30
Un boston de famille	10	»
La petite Amélie....................	3	»
M. Bonjean......................	50	»
La petite Eugénie Icard..............	50	»
M. Chalmeton....................	200	»
M. le docteur Blache...............	25	»
M. Jounet	200	»
M. Rougier........	1,053	50
Souscription des trois divisions de la préfecture......................	472	»
Le colonel Quinquandon.............	100	»
M. Rouvier......................	100	»
M. Lafan, général de brigade.........	80	»
M. Meissonnier....................	50	»
M. Bourges......................	50	»
M. Lagrange de Langres.............	50	»
M. Gensoul.....................	20	»
M. Borde........	30	»
M. Martin	30	»
M. Denaniel.	30	»
M. Achard......................	20	»
M. Laur.......................	20	»
M. Barlatier	20	»
M. D'Hauthuille...................	20	»
M. Ernest Denaniel	20	»
M. Tellène	200	»
Le docteur Rougier	100	»
M. Amédée Gourjon	100	»
M. J.-Ch. Roux....................	100	»
A reporter.....	F. 13,370	80

Report.....	F. 13,370	80
La veuve du capitaine Crême	41	50
M. Edouard Rossolin.................	500	»
Le curé de la paroisse St-Joseph........	100	»
Les sœurs de la Compassion, à la Blancarde	50	»
P. J. N.............................	10	»
M. Bonnefoy........................	5	»
MM. Prat et comp°..................	200	»
M. J.-Jacques Prat..................	100	»
M. Mouttet........................	10	»
Mme Gra	25	»
M. Bourdy.........................	50	»
Les élèves du pensionnat des demoiselles Bourges...........................	80	»
Deux jeunes enfants	2	»
Les employés des chemins vicinaux....	335	»
M. Magnol.........................	40	»
M. Edmond Canaple	20	»
Le cercle du Progrès.................	100	»
M. F. B...........................	50	»
M. A. B...........................	25	»
Mlle M. B..........................	25	»
M. Beaulieu........................	20	»
M. Pally..........................	100	»
Le corps des Pilotes.................	600	»
M. Joseph Blanc....................	20	»
M. Ed. Couve	457	»
M Colomban........................	10	»
Mlle Marie Colomban.................	5	»
A reporter.....	F, 16,351	30

Report	F. 16,351	30
M. Alfred Colomban	5	»
Mme Delibes	100	»
M. Bullier, cercle aux Olives	40	»
Le Comité des Dames, rue Armény, 15, quête à la gare	4,224	»
M. Caire	160	»
M. L. Icard	10	»
La commune de la Penne	256	»
M. Conte	10	»
Le cercle des Mécaniciens	146	»
M. Ménard	20	»
M Bonefoy	5	»
M. Gautier, collecte en Algérie	200	»
MM. Minuto frères	25	»
M. Villard, de Smyrne	100	»
M. Audonnet	11	»
M. J. Lautier	10	»
Les gardiens de la paix publique	102	95
Les employés de la maison Rivoire ...	174	»
MM. Bonniot, Enricot et Clot	200	»
Jules Delestang, quête à l'église d'Auriol	39	25
M. Léon Vigne	607	»
M. H. Gautier, produit d'une collecte ..	79	50
M. Court de Payen	50	»
Les élèves des institutions communales.	180	»
Les écoles des sœurs de Saint-Vincent-de Paul	207	50
M. Huiard	10	»
M. Bompard	50	»
A reporter	F. 23,373	50

Report.....	F. 23,373	50
Les employés de la voirie municipale...	84	50
M. Gaucher, pharmacien.............	280	»
M. Boutière, instituteur	10	25
M. Raphael........................	8	»
La veuve Leroy.....................	25	»
M. Judes Itier.....................	10	»
M. Arnaud, instituteur..............	23	25
La Société des Sauveteurs du Midi.....	78	»
M. Rossignol, instituteur............	20	»
Collecte des élèves du Lycée..........	300	»
MM. Canain et Andrieux (Comité de Secours aux blessés de Milianah, Algérie.	700	»
Les employés des Forges et Chantiers....	468	»
La Compagnie *la France*.............	300	»
Le cercle du Midi...................	41	»
Le cercle des Capitaines au long cours.	100	»
Loge maçonnique du Bon Droit écossais.	10	»
Les dames du comité Couve..........	355	95
Bonnefoy, instituteur...............	5	»
La commune de Chabli..............	170	»
Le Cercle Artistique................	677	»
Le frère Gervais, quête dans plusieurs écoles...........................	100	»
Les officiers du service des ports de Marseille.........................	800	»
Les ouvriers de M. Brun, artificier.....	22	»
M. Consolat, de Saint-Louis (versé par M. Gazan, d. m)..................	100	»
M. Puit...........................	20	»
A reporter.....	F. 28,081	45

Report.....	F. 28,081	45
Les enfants de la Madrague...........	6	»
Mme Chavagnac.....................	50	»
M. le curé de Séon-Saint-André........	35	»
M. Claret, instituteur, id.............	38	»
Le curé des Aygalades...............	20	»
Le vicaire id....................	5	»
Le curé de Saint-Louis...............	20	»
Le vicaire id....................	5	»
La paroisse de Saint-Louis............	130	»
Les conférences de Saint-Vincent de Paul à Saint-Louis......................	25	»
La congrégation des femmes et des filles de Saint-Louis	55	»
Les employés de la perception, rue Barthélemy............................	300	»
	F. 28,770	45

DONS EN NATURE

L. Rasclar . . . .   1 caisse amidon.
Allard . . . .   1 » »
Frédéric Fournier . . .   1 » bougies.
E. Clament et Cⁱᵉ . . . .   5 kilog. chocolat.
Jamolli . . . .   3 ɒ »
Chambon . . . .   4 » »
Plauchut . . . .   2 pots confiture.
Bascant . . . .   1 » »
Victor. . . . .   1 boîte ruits confits.
Benet . . . .   4 pots confiture.
Castelmuro . . . .   4 » »
Victor Gazan . . . .   1 boîte cigares.
Plagniol. . . . .   4 estagnons huile surfine.
De Possel. . . . .   4 » » »
Cayol, Eugène. . . . . .   10 boutᵉˢ huile foie de morue.
Bérengier . . . .   légumes secs, 1 p. morues.
A. Maurel et fils . . .   2 balles morues.
A. Daniel et Teissier   1 bombone pétrole.
Minel et Silvestre. . .   1 sac riz.
Bousquet . . . .   20 pains de sucre (petits).
J. Brunet . . . .   100 kilog. semoule.

Baldini	6 b^{es} sirop, 1 pot confiture.
Buisson	5 » 1 » »
Tester	15 » 3 » »
Arnavon	1 caisse savon.
Marquis-Jounet	1 » »
Rondeau et Ce.......	2 » sirop.
Richaud aîné	12 kilog. savon bleu.
Cayol, Eugène......	1 boîte thon mariné.
Sube et Chappaz.....	1 fût malaga, 6 litres divers.
Noilly Prat et Ce....	10 hectolitres vin rouge.
Poussibet	1 caisse vin de Bordeaux.
Tassel.	1 hectolitre vin ordinaire.
Rivoire	5 hectolitres vin ordinaire.
3e Compagnie 10e bataillon	13 bout^{es} vin rouge et blanc.
Lamard fils.........	3 caisses vin en bouteille.
Bergasse et Ce.......	12 bouteilles vin blanc.

Garde nationale, 5e bataillon, 19 bouteilles vins divers,
1 caisse vermouth, 1 caisse bourgogne.

Garde nationale, 4e bataillon, provisions en linge.

Consul de France à Haïti, un sac café.

Comité de la réunion.	plusieurs couffes sucre et café, 1 barrique tafia.
Fraissinet et Baux...	fourniture gratuite du pétrole à l'hôpital Saint-Louis.
Eugène Velten	fourniture gratuite de bière aux malades de l'hôpital Saint-Louis.
C^e Touache.........	20 matelas, 40 draps, 20 couv.

TABLE

—

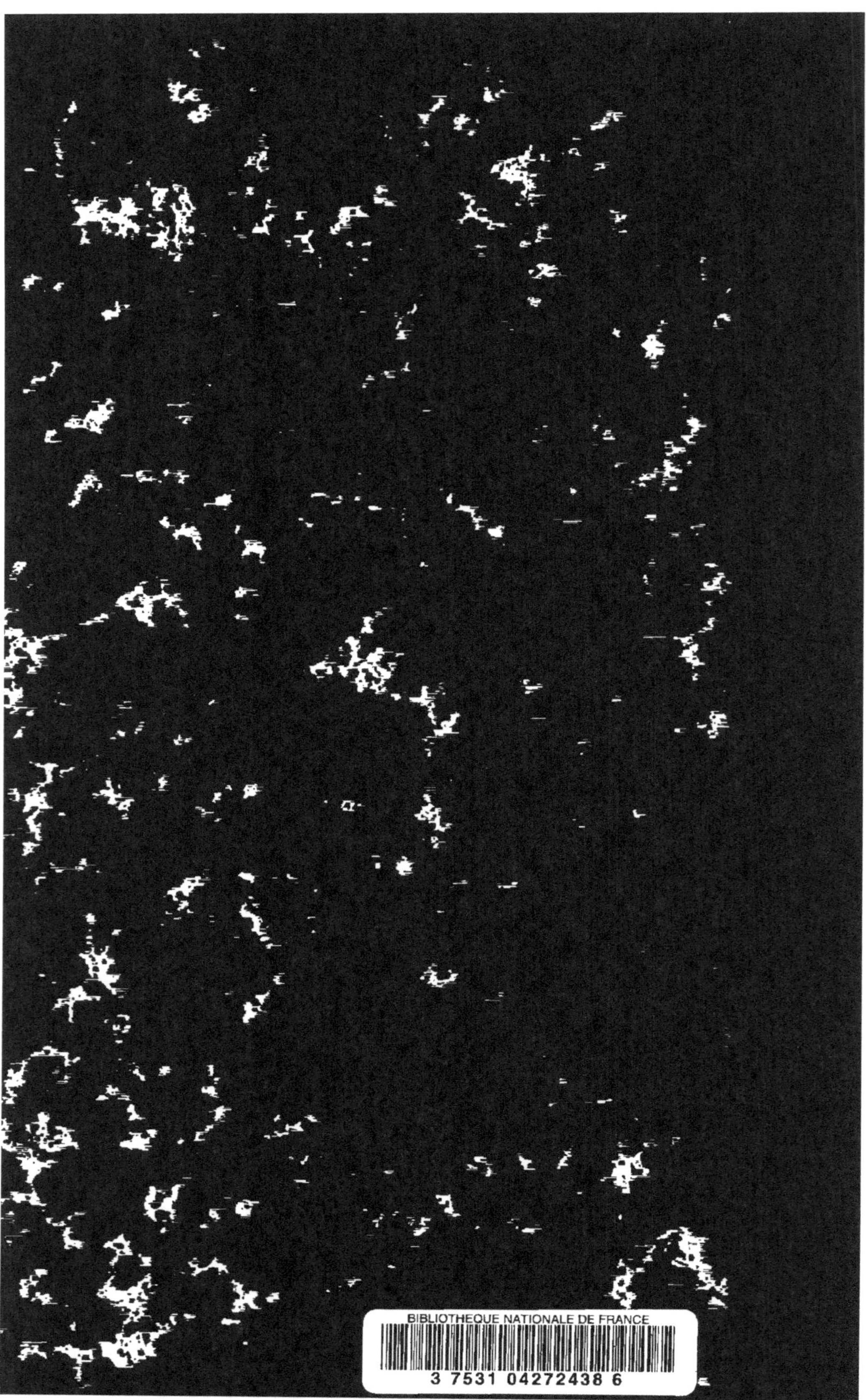